THAW
DESHIELOS

VÍCTOR RODRÍGUEZ NÚÑEZ

THAW

DESHIELOS

Translated by
Katherine M. Hedeen

Arc
PUBLICATIONS
2013

Published by Arc Publications,
Nanholme Mill, Shaw Wood Road
Todmorden OL14 6DA, UK

Design & cover photograph by Tony Ward
Printed in Great Britain by Lightning Source

978 1908376 03 9 (pbk)
978 1908376 04 6 (hbk)

Cover design: Tony Ward

ACKNOWLEDGEMENTS
Earlier versions of some of these translations
have appeared in the following journals:
"*thaw* 95, 96, 97" in *Poetry Wales* 46.3 (Winter 2010 / 2011): 29.
"*thaw* 20" in *Kenyon Review Online* (Fall 2010).
"*thaw* 18, 23, 24, 44, 59" in *Salt Magazine* 3 (March 2010).

Supported using public funding by
ARTS COUNCIL
LOTTERY FUNDED   ENGLAND

Arc Publications 'Arc Translations' series
Series Editor: Jean Boase-Beier

For Juan Gelman

CONTENTS

Translator's Note

"tienen cuernos vacunos"	65	"feverish thieves"
"insistes en mirar"	66	"you insist on gazing"
"disfrutas los descuidos	67	"you take pleasure in
de la nieve"		snow's oversights"
"nos iría mejor…"	68	"we'd all be better off…"
"has perdido los	69	"you've lost your
bordes…"		edges…"
"¿es todo para	70	"does it all last
siempre…?"		forever…?"
"el agua siempre…"	71	"water always…"
"esta sublevación…"	72	"this uprising…"
"si no te sientas…"	73	"if you don't sit down…"
"edad de Mallarmé"	74	"the same age as
		Mallarmé"
"ejidos roturados"	75	"common land ploughed"
"le ha llegado la hora a	76	"immortality's time has
la inmortalidad"		come"
"tu destino coincide"	77	"your fate coincides"
"fracasa la enfermera…"	78	"the nurse fails…"
"ese canto rodado"	79	"that river rock"
"el ascenso devela"	80	"the ascent reveals"
"fulge el trazo biliar"	81	"strokes of bile glisten"
"tendré ganas aún…"	82	"I'll still be in the mood…"
"tarde sin registrar…"	83	"unrecorded evening…"
"asonancia fatal"	84	"fatal assonance"
"las horas sin invierno"	85	"winterless hours"
"ese día en que nieve"	86	"the day I snow"

Biographical Notes

thaw is a pastoral that challenges the genre, where the beauty of a combine harvester counts for as much as a daffodil's or a groundhog's. It is the essential experience of otherness: fear of and fascination with the Ohio landscape, so unlike the tropics of the poet's native Cuba. It is a poem of a thousand verses divided into one hundred ten-line strophes called *décimas*, the quintessential stanza in Cuban popular poetry, used to build the nation. It is a subversion of that tradition, a conscious avoidance of rhyme and eight-syllable meter in favor of a more colloquial tone. Even more, it is a radical dismantling of national identity, a quest for identification.

Katherine M. Hedeen

Days and days
years
snow over snow
FUJIWARA NO TEIKA

The fog was so dense,
I could not see your shadow
As you passed my shoji
KENNETH REXROTH

Nature, cradle him in warmth: he is cold
ARTHUR RIMBAUD

Have the poets left nothing behind to mend?
ANTARA IBN SHADDAD

and toward the glow of my solitary star
these cold strophes descended
JULIÁN DEL CASAL

1

hay un círculo de tierra caliente
donde reina la hierba
no se atreve la escarcha
la nieve dura menos que el amor
en el mismo corazón del invierno
esta úlcera verde
todos pasan de largo
obsesionados con su intrascendencia
yo no voy ni regreso
me paro allí reverbero el vacío

2

esto es un testimonio
de cómo el sol acribilla las nubes
los pájaros reniegan
                       consienten los granizos
se levanta un polen avergonzado
el ser es solo estar en las venas del agua
escaso de horizonte
a salvo de borrascas pendencieras
ni algodones ni culpa
                       amor a sangre fría

1

there's a circle of hot earth
where grass holds sway
frost wouldn't dare
snow lasts less than love
in the dead of winter
this green sore
everyone goes right past
obsessed with their insignificance
I don't come or go
I stand there I echo the void

2

this is proof
of how clouds are riddled with sun
birds bellyache
                    hailstones concur
a red-faced pollen lifts
being is merely to cross water's veins
in short supply of horizon
unharmed by belligerent squalls
no gauze or guilt
                    loving in cold blood

3

te abandona la luz
entre los girasoles que se encienden
las banderas empercuden la brisa
el estar se coagula
del estanque se levantan los gansos
y vuelan en escuadra
a su imagen
                    todo sigue los rastros del sol
salvo la mariposa
que inesperadamente se posa en una sílaba

4

¿qué buscará el halcón
                         temprano en esta página?
¿atrapar la paloma
cuando viene por las migas nocturnas
con un hambre de ritmo?
                         ¿o la rata almizclera
que ha renunciado al fondo
y sobre el hielo busca ser contraste?
¿hacerte el indignado
diestro en las artes de matar el tiempo?

3

light forsakes you
among fiery sunflowers
flags soil the gentle wind
being clots
from the pond geese rise
flying in squadron
in their image
              everything follows the traces of sun
save the butterfly
all at once landing on a syllable

4

what might the hawk be after
                    early on this page?
to snare a dove
turning up for its night morsels
with a rhythm hunger?
              or a muskrat
who's renounced the underside
and above the ice means to disrupt?
to leave you thin-skinned
skilled in the art of killing time?

5

si todo fluye yo
no quiero ser el agua del estanque
que la noche concentra
almíbar
      corteza sin nudos
                   canela en polvo
sueño desenraizado
sino las siete ondas
que desanuda la rana al croar
en tu memoria verde

6

cuando la lluvia envidia
             se hace nieve
y se tiende sobre el bosque desnudo
que la recibe gris
          enmarañado
como todo principio toda fe
el bosque se embellece pues la envidia
no se va por las ramas
            arde como la brea
el único final es el placer

5

if everything flows I
don't want to be the pond water
thickened by night
syrup
      knotless bark
                ground cinnamon
uprooted dream
but rather the seven ripples
loosened by the frog as it croaks
in your green memory

6

when rain envies
                it turns to snow
and spreads over the naked forest
who welcomes it ashen
                entangled
like every principle every faith
the forest grows more beautiful since envy
doesn't beat around the bush
                it burns like pitch
the only end is pleasure

7

se te ha quedado afuera
en el ralo jardín
                     la escarchada locura
su perfume palpable
se cuadra ante el espectro
del cerezo enano y la madreselva
quemados por la luna
vuelca su sensatez
contra el fiero cristal
                     que te divide

8

a las letras se les prende la sal
se van a desleír
pronto serán ese trillo encalado
que se enreda en el bosque
ansia sin prisionero
                     regreso a la cordura
sobre las osamentas de estación
que la miel no encandila
a las letras se les deja volarse
el sentido se escurre con la escarcha

7

outside in the thinning front yard
you've left
        your frosty madness
its palpable scent
stands stock-still before the phantom
of the dwarf cherry tree and honeysuckle bush
both singed by the moon
its good sense flung
against the fierce glass
              that splits you in two

8

salt seizes the letters
they're going to dissolve
soon to be like the whitewashed path
in the forest tangled
disquiet has no prisoner
             the return to reason
over winter's bones
not dazzled by sweetness
the letters break free
meaning trickles away with the frost

9

dados de Mallarmé
                    sobre el maizal helado
nada abole el azar
                    único puente
que lleva a la otra sed
la mancha de mostaza
en la tierra salida del invierno
sin una cicatriz
dados cargados con tu sobriedad
espiga que desgrana

10

en alboradas nonas acaricias
la estatua que recuerda
                        los furores de marzo
senos que niegan todo
                        con tersura de axioma
caderas que reclaman
                        firmeza de heptasílabo
ceniza entre esas nieves
                        que la hicieron latir
sin ser el corazón de la montaña

9

Mallarmé's dice
                on the frozen cornfield
nothing outlaws chance
                        the only bridge
leading to the other thirst
mustard stain
on the soil emerging from winter
unscarred
dice loaded with your temperance
a cob shelling kernels

10

at first light on odd-numbered days you caress
the statue who recalls
                        the furors of March
breasts deny everything
                        with an axiom's softness
hips reclaim
                the firmness of heptasyllables
ash among the snows
                        that made her pulse
though she's not the mountain's heart

11

quebraduras en los cielos de Ohio
donde se filtra el ser
ansias que se despintan
                    como graneros
y reiteran a voces la llanura
versos como reses
                    en sus cuartones
sin humos de razón
es un alba cernida
                    de maicena

12

de la arena de Gambier
a la nevada tinta de El Velero
solo media el error
                    el viento no se opone
pero sí el humo de la chimenea
encendida a pesar de la coherente
inequívoca nada
                    con la tos argumentas
tu no menos volátil posición
haces temblar las sílabas en paso

11

fissures in Ohio skies
where being seeps through
disquiet loses its color
                    like barns
and at the top of its lungs repeats the plain
verses like cattle
                    in their sheds
lacking airs of reason
it's a sifted cornflour
                    dawn

12

from Gambier's sand
to the inky snowfall of El Velero
only error intervenes
                    the wind's not opposed
but the smoke is
fireplace lit despite lucid
certain nothingness
                    coughing you argue
your no less explosive stance
make the passing syllables tremble

13

como rata almizclera en el torrente
rescoldo de penumbra
                         hielo cicatrizado
buscas hierbas de fondo
                         el ardoroso juicio
un anzuelo la angustia
prendida en cúmulos
                         fosforescentes
el cielo es un estanque
en que la sangre de los peces trina

14

los círculos abiertos en el alma
donde abrevan los pájaros
diligente arco iris
que se deja palpar
                         conmoción entre sauces
que se abstienen en línea
la piedra que rebota en el reflejo
de tus pechos rebeldes
agua zurda
              que no se congeló

13

like a muskrat in the torrent
embers of dusk
                disfigured ice
you search for bottom grasses
                                burning sanity
a hook anguish
fastened to phosphorescent
                        cumuli
the sky is a pond
where the blood of fish warbles

14

broken circles in the soul
where birds come to drink
tireless rainbow
agrees to be touched
                        commotion in the willows
they abstain one after the other
stone rebounds in the reflection
of your rebellious breasts
southpaw water
                left unfrozen

15

una nueva mirada
como la nieve impar recién caída
que cubre sin congoja
                    con su ingrávido plomo
la huesa del domingo
una visión arácnida
aferrada al estar
                    de la médula al tedio
con sus hilos armónicos
no perpendiculares

16

algo niega la lluvia
                    con su voz apagada
con su vaho simétrico
el pulmón no la escucha
                    en su roja obsesión
en su intransigencia
                    más que asfixiante
condenas de la lluvia
que se inflama
                    te convierte en azogue

15

a new glimpse
like the odd-numbered snow recently fallen
blanketing Sunday's fossa
griefless
             with its easy lead
an arachnid vision
fastened to sway
                        from marrow to monotony
with its harmonious
level threads

16

the rain denies something
                        with its muffled voice
its balanced breath
my lung doesn't follow
                        in its red obsession
its more than suffocating
                        stubbornness
condemnations of rain
it catches fire
             turns you to quicksilver

17

noche enjalbegada
                    donde refulgen
cristales en vigilia
son prueba del delirio
                    pétalos sin verdad
si los lanzo a la estufa
                    esto será un tizón
tu huella dactilar
en el filo ensangrentado
                    de la transparencia

18

perdido entre reflejos
celdas de una mañana
                    que no madura aún
ni entrada ni salida
laberinto encerado
décimas que rezuman propóleos
sinfonía barroca
enjambre duro en fuga de tus brazos
las mieles del vacío
                    fermentadas

17

whitewashed night
                    where glass
in vigil glistens
it's proof of delirium
                         truthless petals
if I throw them to the stove
all this becomes a firebrand
your fingerprint
on the bloodied edge
                    of transparency

18

lost among reflections
cells of a morning
                    still unripe
no entrance or exit
waxy labyrinth
décimas oozing propolis
baroque symphony
solid swarm on the run from your embraces
the void's fermented
                    honeys

19

todo viene hasta aquí
como un mapache hambriento
enchapas los horcones
mas las uñas desgarran el metal
si tuviera razón
                              llegaría hasta el cielo
seguro fue Huidobro
quien le rayó la cara
no queda nada a salvo
ni estas semillas negras

20

extraños animales esas hojas
que hasta el árbol olvida
pero se angustian en este rincón
donde el vacío cruje
no el verano del indio
                              que borra palideces
moretones del alma
ni el norte que jadea desde el fémur
en discreción se agobia
acalla su destello

19

everything comes here
like a hungry raccoon
you plate the wooden posts
but its claws shred the metal
if it's in the right
                        it'll reach the sky
surely it was Huidobro
who striped its face
nothing's out of the woods yet
not even these black kernels

20

strange animals those leaves
even the tree can't bring to mind
yet they anguish in this spot
where the void rustles
not the Indian summer
                        rubbing out paleness
soul bruises
not the north panting from my thighbone
discretely overwhelmed
hushing its glow

21

extranjero
        como sombra en la nieve
de la patria dual
                esa que nunca da la espalda
y que huele a reseda
a zafra que se inicia
                a ingle fértil
ese verde que no te deja en paz
otra cosa no soy
                tu decencia salvaje

22

unos pechos en sí
que nada tienen que ver con la miel
temblores sin valor
                arqueos sin ganancia
solo curvas sedientas
                una trama venosa
ni siquiera presienten
                la ronda del aliento
unos pechos salinos
con que mi fe tentará tu razón

21

stranger
      like shadow in the snow
from a dual homeland
           that never turns its back
and smells of mignonette
the start of sugar harvest
          fertile groin
that greenness won't leave you alone
something else I'm not
        your savage decency

22

these breasts as such
have nothing to do with honey
worthless tremors
       profitless cashing up
only thirsty curves
      a venomous plot
they don't even sense
       that breath is on the prowl
these salty breasts
my faith will use to tempt your reason

23

en un mundo derecho
                        que no rima
lo único verde es la combinada
sus pétalos abiertos
                        entregados
a la nieve en caída horizontal
sus pistilos
                ávida geometría
pasión inoxidable
que desenlaza los nervios del viento

24

naturaleza en orden
                        al descampado todo
sobre pliegos de escarcha
                        parece bien escrito
un rara grafía intermitente
que no renuncia al fuego
                        se interpone
al menos esta vez algo se escapa
sentir desordenado
                        nada se queda dentro

23

in a straight world
                    helpless to rhyme
the only green is the combine harvester
its open petals
                    give in
to the snow in horizontal fall
its pistils
                devoted geometry
stainless steel passion
unravels the nerves of the wind

24

nature in its place
                        in broad daylight everything
on sheets of frost
                        seems well written
a strange sporadic script
won't abandon fire
                        it interjects
at least this time something breaks free
cluttered sense
                    nothing stays indoors

25

al filo de la noche
                malherido
te vas en confusión en letras rojas
esas flores simétricas
no te reanimarán con su perfume
aunque fueran cortadas
al huerto de Tu Fu
y todo es natural
                como pasado a máquina
con una cinta nueva

26

¿cuándo estaremos solos
                el uno para el dos
áspera suavidad?
                como el arco y la flecha
las yagrumas y el hambre de Cayama
¿cuándo vamos a ser
                la mitad deducible
ardor que tranquiliza?
                como el cuervo y la nieve
las haches y el silencio

25

at the edge of night
                          badly wounded
you bleed confusion red words
these symmetrical flowers
won't revive you with their scent
even if they were cut
from Du Fu's garden
and everything's natural
                                  like typing
with a new ribbon

26

when will we be alone
                          one for two
ragged smoothness?
                            like bow and arrow
pumpwoods and Cayama hunger
when will we be
                      inferable half
calming burn?
                     like raven and snow
ees and silence

27

en la huesuda hierba
                        esos nidos de escarcha
que no huellan los gansos
los escombros celestes
                        desafían
la pureza del hambre
raro equilibrio
                        júbilo de estar
en el fiel de estas horas
fieramente escarbadas

28

a ras de nieve
                        en apariencia estática
y anhelante en esencia
enyugas verbos mudos
la imprecisión que a su centro te atrae
como terca raíz para que la razón
sin reposo en principio
y al final impasible
demente reverdezca
                        y aborte esta blancura

27

in the bony meadow
                        nests of frost
untrampled by geese
celestial rubble
                    challenges
the pureness of hunger
strange symmetry
                        joy of being
in the fulcrum
of these fiercely unearthed hours

28

at snow level
                    seemingly static
and essentially anxious
you dovetail mute verbs
imprecision attracting you to its center
like a stubborn root so reason
in principle unresting
at last callous
and demented grows green once more
to call off this whiteness

29

en el hogar agito
           ceniza equidistante
la sombra congelada
es la única nube a mediodía
no hay nada que agregar
me corrijo
         falta de concordancia
los granizos rebotan en la furia
avisos amarillos
y la tos es un triángulo perfecto

30

tu cuerpo desprendido
se estremece al alcance de mis almas
todo más frío nada más suave
por mí rodeado
          en el centro de ti
como el viento girando entre la nieve
si tuviera la fuerza que me sobra
la ansiedad que te falta
escuchar con la piel
            armonía sin fondo

29

at home I stir up
                    equidistant ash
frozen shadow
is the only cloud this noon
there's nothing to add
I correct myself
                    agreement error
hailstones ricochet off rage
yellow warnings
and my cough is a perfect triangle

30

your generous body
trembles within grasp of my souls
everything's colder nothing's softer
surrounded by me
                    in the center of you
like wind swirls in snow
if only I had the strength I've got to spare
the unease you're lacking
with my skin to hear
                    depthless harmony

31

luciérnagas licor de café lúnula
la cañada es un nudo
                    que el delirio desata
un instante redondo
que interrumpes con tu curiosidad
conjura de las eles
prendidas como faros
                        que rielan en tu faz
la belleza que llega
                    porque se debe ir

32

tintinea el silencio
nieve calada con semillas de girasol
cuando falta el ánimo sobra la poesía
que se guarda en su horma
en las esencias del escaparate
dar de comer a los pájaros que nunca vienen
la corriente sigue a través del témpano
¿y cómo deshacerte de su ritmo?
¿la pequeña campana
                    donde el frío repica?

31

lightning bugs coffee liqueur lunula
the stream's a knot
                    loosened by delirium
a rounded instant
you cut short with your curiosity
conspiracy of els
ablaze like lighthouses
                         shimmering in your gaze
beauty shows up
                  since it ought to leave

32

silence clinks
snow sodden with sunflower seeds
when spirit's missing there's poetry to spare
kept in its shoe last
in the belly of the closet
feed the birds that never come
the current keeps on across the floe
and how to be rid of its rhythm?
tiny bell
           chiming with cold?

33

no eres el guardabosque
rondando entre las ramas del discurso
hay demasiados sitios donde estar
instantes que perder
puedes robar la leña de febrero
responderle a la estufa
que a penas quiere dialogar consigo
una muerte no alcanza
con tu ideograma al menos
                    das una mano a dios

34

lumbre que parpadea
                    espanta las palomas
el invierno llegó con sus misiones
calabazas sobre una paca de heno
no has ordenado siquiera el balcón
celaje en la ventana que interroga
y te extrañan las páginas en blanco
los muslos sin abrir
¿vas a capitular
                    hielo con furia?

33

you're no forest ranger
on rounds among the branches of discourse
there are too many places to be
moments to miss
you can pilfer February's firewood
talk back to the stove
scarcely conversing with itself
one death isn't enough
with your logogram at least
                              you lend god a hand

34

brilliance blinking
                    frightening the doves
winter's here with its missions
pumpkins on a hay bale
you haven't even tidied up the deck
cloudscape in the window questioning
and the blank pages her thighs unopened
they miss you
will you surrender
                    ice with rage?

35

dos pájaros en uno
                    posados en la orilla
el real pica la noche
que fluye inconsolable en la nevada
su sed es negativa
lo comprende la luz nos abandona
el reflejo no imita
                    porque se bebe un pájaro
las dos alas permiten con el tiempo
ser uno en este sauce

36

trovar en pie
                las escalas del mundo
suman tres las mitades
la unidad imposible
añádanse los espasmos al alba
el silencio que ciega
tu vértice profundo
esta cifra con forma
                    igual a cero
la décima sin límites

35

two birds in one
                    perched on the bank
the real one pecks at the night
flowing inconsolably in snowfall
its thirst is negative
light understands abandons us
reflection doesn't mimic
                    because it drinks a bird
with time two wings let them
be one in this willow

36

in feet to descant
                    the world's scales
halves add up to three
impossible unit
add the spasms at dawn
blinding silence
your great vertex
this number taken shape
                    equaling zero
limitless *décima*

37

entre la tos y el viento
                    se lima la cordura
el cruce de la ausencia
calcina tulipanes que se obstinan
es la nieve de abril
                    memoria arrasadora
no podré ser tu cuerpo
pero en cambio tu sombra irreprochable
solo la vieja tos
                    al viento reverdece

38

esencias milagrosas
                    cercanías sin piel
¿por qué de pronto atizan
en la almohada que flota como un iceberg?
la penumbra bordada
                    se sacude la sal
en la esquina más húmeda del ser
la nada entre tus piernas
cuentas de sinrazón
                    fogosas lejanías

37

between cough and wind
                              sanity's smoothed over
the crossing of absence
chars stubborn tulips
it's April snow
                    ravaging memory
I can't be your body
but instead your blameless shadow
nothing but this old cough
grows green once more with the wind

38

miraculous essences
                              skinless proximities
why do they suddenly kindle
upon this pillow floating like an iceberg?
embroidered penumbra
                              shakes off its salt
at the dampest corner of being
nothingness between your legs
tallies of unreason
                    fiery distances

viento que desordena cementerios
exhuma margaritas
la culpa y el perdón
                    se hacen al aire
el tráfico remata los colores
se sigue desangrando
toda la realidad se ha vuelto loca
camina sobre el agua
viento desalmado
                    ¿por qué me imitas?

se escribe cuando todo
lo que no importa inverna
bajo diversos cielos
                    y el mismo decimal
ya no detiene el punto
ni agitan los signos de exclamación
derivas con urgencia
                    ardilla en la nevada
mientras en los borrones
el bosque despabila

39

wind scattering cemeteries
unearthing oxeyes
guilt and pardon
                    take to the air
the still bleeding traffic
finishes off the colors
all of reality's gone mad
walks on water
soulless wind
                    why do you mimic me?

40

to write when everything
that doesn't matter hibernates
under mixed skies
                    and the very same decimal
a period no longer stops
exclamation points don't stir
frantically you drift
                    squirrel in snowfall
while the forest awakens
in your smudges

41

nadie sabe tu nombre
núcleo de fuego fatuo
los adverbios desguazas
                        encuentras nada dentro
eres el unicornio
                adición y exclusión
con tu mirada roja
                me concedes el eco
un poco majadera
para no ser taoísta

42

un par de lunas ásperas
sin el roce de la respiración
horas que tratan de levantar vuelo
pero caen a plomo
sus plumas coloradas en un círculo
pulsado por la tos
sus acerados trinos reverberan
zanjan el firmamento
las franelas se anudan
sin el peso de una madre celosa

41

no one knows your name
heart of will-o'-the-wisp
you split adverbs open
                    find nothing inside
you are unicorn
              addition and exclusion
with your crimson glimpse
                          you grant me echo
a bit too playful
to not be Taoist

42

a pair of jagged moons
missing breath's light stroke
hours have a go at flight
but fall plumb
their reddish feathers in a circle
set by cough
their steely birdsong echoes
trenches the sky
flannel in knots
without the weight of a devoted mother

43

no hay que mezclar la sed con esta lumbre
que cala el esternón
                    y se pone a silbar
un deseo sin fuente sin destino
se abre paso entre cantos
                              que la nieve oscurece
una esquina del cielo
que hirieron descuidadas las estrellas
las ondas de castigo
se superponen de la piel al fondo

44

los ciervos virgilianos
asolaron los tulipanes negros
eché el alma al plantarlos una vez
a orillas del otoño
noventa y nueve nichos en la arcilla
seis pulgadas adentro
más un puñado de huesos molidos
en rumores sin mar
a la luz enemiga de la luna
en su voracidad ni la idea dejaron

43

there's no mixing thirst with this brilliance
that soaks the breastbone through
and begins to whistle
with no source an aimless desire
makes its way among snow-darkened
                                        cantos
a corner of the sky
wounded by careless stars
waves of punishment
pile up from skin down to the depths

44

Virgilian deer
razed my black tulips
I put my soul into planting them once
on the banks of autumn
ninety-nine niches in the clay
six inches down
plus a handful of bone meal
in sealess roar
by the hostile light of the moon
in their hunger not even the idea was spared

45

anochece en la página
diciembre desgarrado con luceros
sobre el relente
                    fibras de confabulación
el éxito no alumbra ya está escrito
dulce testarudez
abriga esa sonrisa
                    a media voz
ante los elementos ya sin perplejidades
tu ardor mi resonancia

46

náufrago en la entrepierna
remanso innumerable
dependo de las manos
                    que me guían al vórtice
espacio sin decline duración
todo será asentarse
                    en esta órbita
como tierra de luna
embriagado con jugos
que son agrios mas no se arremolinan

45

it's nighttime on the page
December frayed with stars
strands of conspiracy
                        on the evening dew
success doesn't clarify things it's written
sweet stubbornness
that smile gives shelter
                        in a soft voice
from the once thorny elements
your heat my resonance

46

shipwrecked on an inner thigh
countless haven
I depend on hands
                        guiding me to the vortex
space minus descent duration
it's all about settling
                        into this orbit
like the moon's earth
drunk on bitter
but unstirred juices

47

solsticio de verano
                    ¿por qué no echas los naipes?
la casa pedregosa
                    sin leche en la ventana
vapores de silencio
el profundo esplendor
de la amargura que toma el jardín
con la primera nieve
bastos de la razón
                    espadas que rebrotan

48

en la escarcha nocturna
se citaron de nuevo
                    la belleza y el hambre
los ciervos que confirman
las nociones de Bloom y todo influjo
rumian en el jardín
                    las flores del cerezo
solo con sangre enmiendas
en la noche común
                    la página doblada

47

summer solstice
                    why not deal the cards?
stony house
                 no milk on the windowsill
fumes of silence
the intense splendor
of bitterness the yard takes on
with the first snow
clubs of reason
                  spades sprouting

48

in the nocturnal frost
beauty and hunger
                    arranged to meet once more
deer confirming
Bloom's notions of influence
grazing on the cherry blossoms
                        in the yard
only with blood can you amend
on an ordinary night
                 the folded page

49

no leyó a Mallarmé
pero tira su dado
                    que revoca el azar
sin consonancia rueda
                            escaleras arriba
lamento simbolista sin esmaltes
es que lo sabe todo
                    el resto la imagina
y anda descalza sobre el hielo negro
que nada le pregunta

50

cuerpo que sabe a cuerpo
a placer esencial
alma sin corteza
                    pura simiente
cuerpo ondeante que suda
y atrae con su estática
alma que cae del cielo
                        y germina
cuerpo algo más que cuerpo
desbrave de memoria

49

she hasn't read Mallarmé
yet she throws his die
                    calling off chance
at odds it rolls
                up the stairs
unglazed Symbolist lament
it's just that she knows it all
                            the rest makes her up
and she walks barefoot over black ice
it asks her nothing

50

body tasting of body
essential pleasure
soul shelled
            all seed
swaying body sweats
and beckons with its motionless
soul toppling from the sky
                        to sprout
body something more than body
memory's taming

51

imposibilidad
        lunar el mundo
un caballo sin riendas en la bruma
no se aparece en vano
aquí todo es tangente
            dulcemente geométrico
sótano en que despunta
el último teorema
ese caballo impar que pasta frío
es algo más que gracia

52

me acuesto entre las notas
que pulsaste ayer al margen de mí
te espero hasta los tuétanos
aunque la helada termine arropándome
esos pechos implícitos
esa cintura participativa
no vienes con la luna
persevero a la sombra de la lámpara
nociones que se encienden
           estilo que desvela

51

impossibility
                    to moon away the world
an unbridled horse in the mist
doesn't turn up in vain
here everything's tangent
                              sweetly geometrical
basement where the last
theorem surfaces
that odd-numbered horse nibbling on cold
is something more than grace

52

I lie down with the notes
you freehanded yesterday in my margin
I'll wait for you to the marrow
even if frost ends up tucking me in
subtle breasts
restless waist
you don't come with the moon
I carry on by lamp's shadow
notions arouse me
                    style keeps me awake

53

biografía del nuevo cimarrón
emboscado en la nieve
¿escapar del ingenio
                    la vigilia aceitosa?
¿huir de Campanario barracón
polvero de oraciones?
no llegarás al centro
                    sueño desmantelado
en la espalda los resuellos del can
y el nuevo rancheador

54

mañana ya te vas
                    como una cuchillada
no pasará esta noche
al amanecer todo habrá sanado
con una escarcha roja
tu vaho en la distancia
                    se quebrará
ante los azotes del firmamento
seguiremos hablando desangrados
sobre este curvo filo

53

biography of a new *cimarrón*
ambushed in the snow
to escape the sugar mill
                            the greasy vigil?
to flee Campanario slave quarters
dust cloud of worship?
you'll never get to the center
                            broken down dream
at your back the hound panting
and the new *rancheador*

54

tomorrow you'll be gone
                            like a stab wound
tonight won't pass
by dawn everything will have healed
with a red frost
your breath to shatter
                        in the distance
under sky's lashes
we'll still speak losing blood
upon this rounded edge

55

en el juego celeste
                    no me alejo de ti
somos la tejedora y el boyero
que se van a las manos
                            sobre un cielo de paja
la nada se desboca
agitando el espacio
                        con sus alas de grulla
que la estrella recele
nada más armonizo con tu lumbre

56

hoy nieva la pasión
se forman calculados torbellinos
las décimas impares
                        los arpegios
que rezuma el laúd
encordado en insomnio
dan a luz el vértice la identificación
la sombra más precisa
y no nos tiembla el pulso
                            ni al deseo ni a mí

55

in the celestial play
                    I'm not far from you
we're Cowherd and Weaver Girl
coming to blows
                over a sky of straw
nothingness goes wild
stirring up space
                with its crane wings
let the star mistrust
I only harmonize with your brilliance

56

today passion snows
deliberate whirlwinds take shape
odd-numbered *décimas*
                those arpeggios
trickling from the lute
tuned in insomnia
give birth to vertex identification
the truest shadow
and we don't even think twice
                  not desire not me

57

sin dar un paso vas
                a la otra parte
en el sueño la brújula
que desatina el sur
te impulsa un coagulado
                     remolino interior
la lana del sentido
no te cubre la espalda
este lastre vidrioso
                 que cargas hasta el fin

58

todo el día en el viento
                   de regreso al aprisco
los montes esmeraldas
se arrancarán las nieves
y las brumas eternas
                 se quedarán sin voz
no importarán la rima congelada
la precisa derrota
la angustia ultravioleta
                 como un rayo

57

without a step you go
                    to that other place
in sleep the compass
can't hit upon the south
a clotted inner spinning
                        propels you
meaning's wool
won't cover your back
this glassy weight
                you carry to the end

58

in the wind all day
                    returning to the fold
emerald mountains
will uproot the snow
and eternal mists
                left speechless
they won't matter
not the frozen rhyme the close defeat
the ultraviolet anguish
                    like a thunderbolt

59

desde entonces llovía
y las piedras rasguñaban el sol
las sombras se alargaban oscilantes
querían separarse de los cuerpos
al deseo se le helaban los bordes
materia que transpira
un cuervo picoteaba la pureza
con su hambriento color
alguien debe hacer algo
o no escampará nunca

60

ante una fina nieve casi sal
que no quiere faltar a su palabra
nos retamos a duelo la probidad y yo
el manuscrito anónimo
el doble espacio contra los abetos
la plica con los datos menos íntimos
con sus dientes manchados
por la velocidad de la merienda
la clase obrera ríe consternada
estampa el matasellos en mi sangre

59

ever since then it rained
and stones scratched the sun
dangling shadows lengthened
wanting to break away from bodies
the edges of desire froze
matter sweating
a crow pecked at pureness
with its hungry color
someone ought to do something
or it'll never clear up

60

before a delicate salt-like snow
that hates to break its word
integrity and I challenge one another to a duel
anonymous manuscript
double spacing against fir trees
a sealed envelope with less intimate details
with teeth discolored
by snack's swiftness
the dismayed working class laughs
stamps the postmark with my blood

61

en un mundo con fiebre
que tose en la alta noche
me entrego a las razones del delirio
rajaduras en el panel de estrellas
donde avena la miel
                        albúmina sin núcleo
entre dunas nevadas
van los mismos ladrones
que a la entrada del túnel
asaltaron el cruce de otro sueño

62

contraria a la corriente
                        al fin te posarás
en el disturbio los remolcadores
rodarán la madera
te liará la familia
                        con sus lanas nocturnas
antes de que la gracia se abrase con la sopa
se dirá la oración
en el aire me quedo
                        te raspo de las nubes

61

in a feverish world
coughing in the dead of night
I give myself up to reasons of delirium
cracks in the panel of stars
where honey drains
                              centerless albumin
in snowy dunes
the same thieves pass by
at the tunnel's entrance
they'd held up another dream's crossing

62

going against the current
                              you'll finally perch
in the commotion tug boats
rolling logs
the family will bind you
                              in their nocturnal wools
before the soup scorches salvation
you'll say grace
I'm still up in the air
                              I'll scrape you off the clouds

63

no somos enemigos
                     el tiempo nos completa
tú crees que el cielo se vendrá abajo con la música
de los caracoles que se sacuden
la diferencia ansías
como el salmón la caña de pescar
yo creo que el invierno se ha agrietado
y que de sus resquicios saldrán lilas
en un minuto verde
                     se anudan los contrarios

64

trazos no experimentados
                     no experimentales
sin borrasca semántica ni arritmia
que ciegan a lectores
                     idos en transparencia
trazos casi tan simples como el hielo
como la malcriadez
                     ni mienten ni desmienten
solo quieren bregar con la belleza
porque jamás abusa

63

we're not enemies
                    time makes us whole
you think the sky will fall with the music
of shaking snail shells
you long for difference
like salmon do a fishing rod
I think winter has cracked
and lilacs will bloom from its crevices
in a green minute
                    opposites tangle

64

lines unexperienced
                    non-experimental
no semantic squall or arrhythmia
blinding readers
                    who bleed transparency
lines nearly as simple as ice
like bad manners
                    they don't lie or refute
they only want to struggle with beauty
since it never does harm

tienen cuernos vacunos
aliento chamuscado
                    sables de utilería
los febriles ladrones
no hay salida del sueño
                         discretamente gritan
el túnel fue bloqueado por la helada
la historia los indulta
se apropian de la aurora
                              el juicio hacen temblar

insistes en mirar
                    tu perfil en el lago
el fondo se evapora
y los cisnes se espantan
es tiempo de deshielo
                         creciente de la décima
los osos los caracoles despiertan
con el primer pistilo
obligada a seguir
                    olvidarás el rostro

65

feverish thieves
have cattle horns
                    scorched breath
prop sabers
there's no leaving the dream
                              they discretely cry
the frost has blocked off the tunnel
history pardons them
they take hold of the dawn
                              unsettle reason

66

you insist on gazing
                    at your outline in the lake
the bottom dries up
and the swans are frightened
it's the time of thaw
                    décima's rising
bears snails awaken
with the first flower
obliged to follow
                    you'll forget your face

67

disfrutas los descuidos de la nieve
las fugas de afonía
en la noche vienen los venados y los comen
sin complejo de culpa
la condensación que oculta el conejo
ambarino con orejas raídas
cuesta arriba en la hierba
como tu desazón
                    cristalizada
el alba no se explica

68

nos iría mejor sin esa mosca
con nada que decir
pero atraída por el aroma del discurso
busca restos de fe bajo las uñas
se asoma a la pantalla
de milagro no se mete en la boca
como no estoy suscrito
a ninguna borrasca cultural
debo dejarla ser reina del sótano
¿con qué fino doblez la mataría?

67

you take pleasure in snow's oversights
flights of aphonia
in darkness the deer come to eat them
unapologetic
condensation hiding the amber
rabbit with shabby ears
on the uphill grass
like your crystallized
                              misgiving
dawn can't explain itself

68

we'd all be better off without this fly
with not a thing to say
but drawn by the scent of discourse
it searches for the remains of faith beneath our fingernails
lands on the screen
it's a wonder it hasn't flown into your mouth
since I don't subscribe
to any cultural squall
I ought to let it be queen of the basement
with what thin crease might I kill it?

has perdido los bordes traspapelas
beduino de Qumrán
nada valen arrobos

              esencias sin almizcle
fogonazos de edén
la erosión continúa

              no duda un solo número
ni el sauce la detiene
ausencia que interroga
a contexto barroso texto limpio

¿es todo para siempre o desvarío
ávido de aguanieve?
¿esta tarde posible

              su bravo sol de enero?
¿siesta arrullada por la radio del vecino
que saca una raíz?
¿este pan de simientes

              que roñoso no parto?
¿podremos desnudarnos en la gloria
o donde se te ocurra?

69

you've lost your edges misplaced papers
Qumran nomad
raptures are good-for-nothing
                              muskless essences
flashes of Eden
erosion carries on
                      doesn't doubt a single number
not even the willow can stop it
absence questions
when the context gets muddy put up a clean text

70

does it all last forever or am I just raving
hungry for slush?
this possible evening
                      its fierce January sun?
nap lulled to sleep by a weeding
neighbor's radio?
this seeded bread
                  I stingily won't break?
could we undress in glory
or wherever you want?

71

el agua siempre encuentra su camino
arterias en el témpano
                    las venas de la noche
no cree en el vendaval
                    la línea recta
el carbón sin espasmo
                    la voluntad de estilo
lluvia muerta de sed
                    bebida en tu garganta
por eso sigo el agua a todas partes

72

esta sublevación contra el poema
segmento
                    desproporción de sentido
el canto decimal
                    que no cabe entre tres
desasosiego exacto
                    cerrazón razonada
con un tono menor
                    en punto espirituano
huella sobre el filo visión centrífuga

71

water always finds its way
arteries in the ice floe
                              veins of darkness
it doesn't believe in squall
                                    straight lines
tremorless coal
                    style's resolve
rain dying of thirst
                              swallowed in your gullet
that's why I follow water all over the place

72

this uprising against the poem
segment
              disparity of meaning
the decimal canto
                          undividable by three
accurate strife
                      reasoned stubbornness
with a minor tone
                          plucked in *punto espirituano*
traces on the cutting edge centrifugal vision

73

si no te sientas como nativo a caminar
de cara a la nevisca
que no cree en primavera
confundirás el camino a Cayama
si no te asumes como risco como recodo
como ciprés al borde
Cayama será hipótesis alucinación
si no buscas algo más que llegar
el reverso del viaje
nunca estarás de regreso en Cayama

74

edad de Mallarmé
                    sin medallas ni amantes
la pena en el costado
                    a espaldas la fortuna
de todas formas solo falto un día
te doy me das con ganas
junto al bosque absoluto
donde el fuego podría retoñar
edad definitiva
                    nada es ahora o nunca

73

if you don't sit down to walk like a native
facing the blizzard
skeptical of spring
you'll mistake the road to Cayama
if you don't see yourself as a crag a bend
a cypress on the ridge
Cayama will be hypothesis delusion
if you seek nothing more than arrival
the journey's reverse
you'll never return to Cayama

74

the same age as Mallarmé
                                no medals or lovers
pain in my side
                        fortune at my back
even so I only skip every other day
I give it to you breathless you give it to me
near the absolute forest
where fire might spring up
definitive age
                        nothing is now or never

ejidos roturados
en que el verde aprovecha
las raras confusiones de la nieve
herrumbrosos establos que vomitan
caballos en capuchas
                    temerosos y hambrientos
de las yemas en luz que nadie ve
la llovizna no ha lamido la sal
y el alma atropellada por la noche
se inflama sin ascenso ni desgarre

le ha llegado la hora a la inmortalidad
el cinco y su reflejo
un triángulo encarnado
en la nueva sortija de honradez
las ideas se han cubierto de musgo
solas en el jardín
te da cuerda el reloj
copias su paradójica armonía
como el sol no responde
                    la décima lunar

75

common land ploughed
where green profits
from snow's scant slip-ups
rusty stables vomiting
hooded horses
                    fearful and starved
for the shoots in light no one sees
drizzle hasn't licked up the salt
and the soul run down by darkness
swells without gash or ascent

76

immortality's time has come
five and its reflection
a triangle embodied
in decency's new ring
moss has coated the ideas
all alone in the yard
the watch winds you
you copy its puzzling harmony
since the sun doesn't answer
                    the lunar *décima*

tu destino coincide
con la rata almizclera que remonta
esa corriente oscura
por el simple contraste de la nieve
y no imitas el ser
porque en la encrucijada
abandona la belleza y se va
por el otro camino
sin embargo te recuerda olvidar
algo puesto en la lumbre

fracasa la enfermera no le ayuda el acento
tres piquetazos sin dar con la sangre
se ve que no cambiaría tu orín
por el oro del mundo
el rojo mala leche
se niega a encapsularse en el cristal
el médico te pesa los testículos
se ve que moriría por hacerte la autopsia
se escapan las venas a la aguja no imantada
debe ser la candente glaciación

77

your fate coincides
with the muskrat moving upriver
the current dark
only in contrast to snow
and you don't imitate being
since at the crossways
it abandons beauty and heads
down the other path
yet it reminds you to forget
something placed on the fire

78

the nurse fails her accent doesn't help
three pokes without hitting blood
you can see she wouldn't swap your urine
for all the gold in the world
the color red rotten milk
refuses to be bound by glass
the doctor weighs your testicles
you can see he's dying to do an autopsy
veins escape the demagnetized needle
it must be the white-hot glaciation

79

ese canto rodado
                    en el brocal sin fondo
dice más que el jade de los botones
que vas a desojar
un guijarro tallado por el viento
la escarcha resentida
                    que se crea
sobre tu despiadada desnudez
esa estela en que ondulas
                    un álgebra silvestre

80

el ascenso devela
                    tus huellas insondables
en la nieve que no tiene pasado
no eres talle que cimbra
                    hurtado por la furia
eres calma invencible
                    podrías amarlo todo
ese secreto guárdalo
en cofre de marfil
                    detrás del esternón

79

that river rock
                    in the bottomless curbstone
says more than the jade of the buttons
you'll burst
a pebble carved by wind
the resentful frost
                    fashioned
over your cruel nakedness
the wake where you ripple
                              a wild algebra

80

the ascent reveals
                    your unsounded traces
in snow with no past
you're not swaying waist
                              pilfered by fury
you're invincible calm
                              you could love everything
keep that secret
in the ivory coffer
                    behind your breastbone

81

fulge el trazo biliar
sobre la noche estática
raposa al descubierto
                    silencio equivocado
te sostiene la llama
a la caza de fieras armonías
voluntad herrumbrosa
                    que deja respirar
mañana el mismo invierno
pero con otra nieve

82

tendré ganas aún el día inconfesable
salvo para tu escuadra
cogida entre dos sombras
                    dos fuegos sin cruzar
el día deshilado por gusanos de seda
nieve que rompe a hervir
el día que se abate como mina
salvo para tu trazo desnudo en el polvero
que sosiegan los ángeles
                    azufre y azafrán

81

strokes of bile glisten
over the static night
vixen exposed
                mistaken silence
flames steady you
on the hunt for wild harmonies
rusty will
                tolerates breath
tomorrow the same winter
but with different snow

82

I'll still be in the mood even on the unspeakable day
for all but your squadron
wedged between two shadows
two gunshots not crossing
the day raveled by silk worms
snow breaking out in a boil
the day blasted like a mine
for all but your bare strokes in the dust
quieted by angels
                sulfur and saffron

tarde sin registrar que nos hurta la helada
a pesar de la niña
que corre desde el sueño hasta la madre
a pesar de la huesa de zorrillo
que no puedes sortear
a pesar del ajuste en la vieja casida
que al fin nos da la hora
a pesar del dolor
en la única mano de mentir
esta tarde arcillosa nota al pie

asonancia fatal
                revuelta con la nieve
puede llegar la fama
ronca como la foca
sobre la piedra que salpica el sol
asonancia total
                revuelta con la fama
puede llegar la muerte
ronca como el guardián que se quedó dormido
sobre la silla eléctrica

83

unrecorded evening stolen by the frost
despite the girl
running from sleep to her mother
despite the skunk's
unavoidable carcass
despite setting the old qasida
that finally strikes the hour
despite the pain
in my one lying hand
this miry evening a footnote

84

fatal assonance
                    jumbled with snow
fame might arrive
hoarse like a seal
on the sun-splashed stone
complete assonance
                    jumbled with fame
death might arrive
hoarse like the guard who fell asleep
in the electric chair

85

las horas sin invierno
con la franela a cuadros
              olorosa a reseda
encogiéndose en el escaparate
los nortes reclamados por la pelvis
niebla dura
              pendencia con el sol
vislumbre del presente coagulado
febreros en llamas
              ciscos que granizan

86

ese día en que nieve
              me venza la pureza
con su dorada herida
ese día sin cuervos
que se niegue en redondo a las alturas
ese día emboscado
en la paz de esta guerra no florida
que azulea la sangre
con su juiciosa sed
              muerto en ganas aún

85

winterless hours
                    with the plaid flannel
smelling of mignonette
shrinking in the closet
northerlies claimed by my pelvis
solid mist
            squabble with the sun
glimpse of the clotted present
Februaries aflame
                  coal dust hailing

86

the day I snow
                defeated by pureness
with its golden wound
that crowless day
refusing ascension point blank
the day ambushed
in the peace of this flowerless war
bluing the blood
with its lucid thirst
                  dying to even now

87

hay que preservar la nieve conejo
no ensuciarla con esas orejas amarillas
estas huellas simétricas
en realidad si se asusta la nieve
y vuela con los gansos
                    estaremos perdidos
en el iris del vértigo
la nieve es la ansiedad
                    la carencia sin ritmo
la pregunta que el cielo no resiste

88

hasta el tiempo debiera
en un vado fatal
                    renunciar a sí mismo
la inconsecuencia hostiga
a unos pasos de ti
                    los sauces la retienen
con el hondo pudor de sus raíces
bastaría no ser
la irradiación del río
                    cuajado bajo el sol

87

you should defend the snow rabbit
not dirty it with those yellow ears
these even tracks
in truth if snow's frightened
and flies away with the geese
                              we'll be lost
in the iris of vertigo
the snow is distress
                        rhythmless scarcity
the one question sky can't withstand

88

even time ought to
give itself up
                in a fatal ford
inconsequence nagging
a few steps from you
                        the willows hold it fast
with the deep modesty of their roots
it would be enough not being
the river's brilliance
                        curdled beneath the sun

este yo compartido no deja de crujir
como unas botas nuevas
sobre el piso de madera encerada
como el lecho empapado con delirios
que nadie va a enjugar
                            cajas para mudarse
colmadas de arco iris
como el primer acierto en la escalera
que sube desde el hielo
hasta el sol que no cumple su palabra

los vaporosos signos
resquebrajan las paredes del baño
las pieles se sacuden
la ternura
                que en remolino cae
los cuerpos se revelan
al denso vacío
                    descuartizados
pero la belleza restablece la unidad
gotea transparencia

89

this shared I won't stop creaking
like new boots
over the waxed wood floor
like a bed soaked with deliriums
no one will wipe away
                              moving boxes
jam-packed with rainbows
like the first wise decision on the staircase
rising from the ice
toward the sun unwilling to keep its word

90

hazy signs
crack bathroom walls
skins dust off
the tenderness
                    whirling down
to the dense void
bodies bare themselves
                              torn to pieces
yet beauty restores wholeness
trickles clarity

91

afuera algo repica
                    que no alcanzo a entender
pero anima la llama
entumecida del calentador
a la corriente afuera se le hielan los labios
pero en su aliento breve
                              se rebosa la esencia
afuera se decide la ineludible cábala
de la escarcha al adverbio
                              del azor al omóplato

92

reescribes con la misma
                              inconstancia del tiempo
reescribes el caballo
que pasta en un borrón de la colina
reescribes el exilio
                    salado palimpsesto
reescribes la corriente
que persigue el salmón si no desova
reescribes la afonía
                    el cruce en el vacío

91

outside something chimes
                             I can't seem to understand
but it rekindles the heater's
numb glow
outside the current's lips are frozen
yet in its brief breath
                       essence spills over
outside the certain conjecture is settled
from frost to adverb
                     from goshawk to shoulder blade

92

you rewrite with the same
                       inconstancy as time
rewrite the horse
grazing on the smudge of a hill
rewrite exile
           salty palimpsest
rewrite the current
pursuing salmon when they don't spawn
rewrite aphonia
             crossroads in the void

93

arco iris de invierno
como ropa tendida por la madre
¿no eres luz descompuesta
                    barajas el camino?
los colores primarios el espectro
angustia en contrapunto
¿cómo volver a casa
                    si la sed es un prisma?
encarar en la cresta del abeto
la alborada con ojos halconados

94

te abres suavemente
con una precisión que toma siglos
de nostalgia borrar
el único testigo ante ese gesto
en el escalofrío de un segundo
se sabe trascendente
la perfección
                    su ritmo en espiral
y sobre ti
            diez arrobas de nada

93

winter rainbow
like clothes hung out by my mother
aren't you decomposed light
                    do you shuffle the way?
primary colors spectrum
agony in counterpoint
how to return home
                if thirst is a prism?
from fir's crest to face
the dawn with hawkish eyes

94

you open softly
with a precision that takes centuries
of nostalgia to erase
lone witness before that sign
in the shiver of a second
grasps his transcendence
perfection
            its spiral rhythm
and over you
                ten arrobas of nothing

95

presente en la neblina
no sabes si es la ausencia
lo que viene hacia ti te irriga el peroné
la claridad no ayuda
porque la neblina tiene raíces
más hondas que los juicios
las caricias al alba
nada ves pero nadie te ve
te vas difuminando
cuando levante el sol ya no estarás

96

profundo como el sueño
del que despiertas pálido rascándote
agudo como el garfio
con que rompe la piel
                    para sobrevivir
sangre que emprende vuelo
agente trasmisor
del sentimentalismo escandinavo
décimas calcinadas
                    este hielo que suda

95

present in the mist
you're unsure if it's absence
coming toward you to water your fibula
clarity doesn't help
since the mist has roots
deeper than judgments
dawn's caresses
you see nothing but no one sees you
you're growing dim
when the sun rises you'll be gone

96

deep like the slumber
you awaken from pale and scratching
sharp like the stinger
breaking skin
            to survive
blood takes flight
agent in transmitting
Scandinavian sentimentalism
charred *décimas*
            this sweltering ice

97

hacer como la nieve
indecisa en silencio acompañando
desatar una elíptica
                    al sistema lunar
una vuelta completa
la gracia del rigor
regresar a la isla
                    que flota en el vacío
y jamás olvidar
que en el espejo la imagen respira

98

¿cómo evitarla?
                    siento sus huellas que se acercan
viene por mí a tomarme la mano
dejarme sin sentido
                    con su nevado aliento
no puedo resistirme me fascinan su calma
su precisión gestual
ya casi me da alcance
                    nos separan diez surcos
¿me echará toda la belleza encima?

97

to make like the snow
uncertain keeping company in silence
to let loose an ellipse
                    from the lunar system
a whole round
the grace of severity
to revisit the island
                    floating in the void
and to never forget
the image in the mirror breaths

98

how to avoid it?
                    I feel its footsteps draw nearer
coming for me to take my hand
leave me senseless
                    with its snowy kisses
I can't resist its calm the precision of its gestures
fascinate me
it's almost here
                    we're separated by ten furrows
will it cast all its beauty upon me?

99

semana santa cae
                 la nieve carpintera
sobre la cortedad de los asfódelos
que le niegan la faz y miran la gravilla
con lágrimas cuajadas
el verde con sus coros
                      el órgano de Bach
su minúscula letra a lo divino
prueba definitiva sin incienso
contra la redención la trascendencia

100

la nada que se aviva
                     balbucea en la estufa
su luz en el cristal deja un mensaje
claramente ilegible
su sombra deletrea desde el borde
la respuesta al oído
la nada que se copia
en la noche de un folio echado al fuego
como un copo de nieve
                        efímero y hermoso

holy week
                    a carpenter snow falls
on the brevity of daffodils
they refuse to show their face and glance at the gravel
with curdled tears
green with its choirs
                            Bach's organ
its lower-case lyrics *a lo divino*
without incense definitive proof
against redemption transcendence

nothingness rekindled
                            babbles inside the stove
its light in the glass leaves a clearly
illegible message
from the edge its shadow spells out
the answer in my ear
in the night nothingness copies itself
from a folio thrown to the fire
like a snowflake
                    fleeting and beautiful

Víctor Rodríguez Núñez (Havana, 1955) is one of Cuba's most noteworthy contemporary writers. He is a poet, journalist, literary critic, translator, and scholar. Among his books are *Cayama* (1979), *Con raro olor a mundo* (1981), *Noticiario del solo* (1987), *Cuarto de desahogo* (1993), *Los poemas de nadie y otros poemas* (1994), *El último a la feria* (1995), *Oración inconclusa* (2000), *Actas de medianoche I* (2006), *Actas de medianoche II* (2007), *tareas* (2011), and *reversos* (2011). His Selected Poems has come out in many countries, most recently *Todo buen corazón es un prismático* in Mexico (2010) and *Intervenciones* in Spain (2010), and has been translated into English (*The Infinite's Ash*, 2008), Italian (*L'ultimo alla fiera*, 2011), French (*Un étrange odeur de monde*, 2011) and Swedish (*Världen ryms i en alexandrin,* 2011). A wide selection of his poems has appeared in Arabic, Chinese, Dutch, German, Hebrew, Hungarian, Lithuanian, Macedonian, Portuguese, Russian, Serbian, and Slovenian. His poetry has received major awards, including the David Prize (Cuba, 1980), the Plural Prize (Mexico, 1983), the EDUCA Prize (Costa Rica, 1995), the Renacimiento Prize (Spain, 2000), the Fray Luis de León Prize (Spain 2005), the Leonor Prize (Spain 2006), the Rincón de la Victoria Prize (Spain 2010), and the Jaime Gil de Biedma Prize (Spain 2011). During the eighties he wrote for and was the editor of *El Caimán Barbudo*, one of Cuba's leading cultural magazines, where he published numerous articles on literature and film. He has compiled three anthologies that have defined his poetic generation, and published various critical editions, introductions, and essays on Spanish American poets. Among his translations are books by John Kinsella, Margaret Randall, and Mark Strand. He divides his time between Gambier, Ohio, where he is currently Professor of Spanish at Kenyon College, and Havana, Cuba.

KATHERINE M. HEDEEN is the National Endowment for the Humanities Distinguished Teaching Associate Professor of Spanish at Kenyon College. She specializes in Latin American poetry and has researched and translated numerous contemporary authors from the region. She has published her translations extensively in prestigious American and British literary journals. Her book-length translations include collections by Juan Bañuelos, Juan Calzadilla, Marco Antonio Campos, Juan Gelman, Fayad Jamís, and Ida Vitale. She is an associate editor of Earthwork's Latin American Poetry in Translation Series for Salt Publishing and in 2009 was a National Endowment for the Arts Translation Project Fellow.

Arc Publications
publishes translated poetry in bilingual editions
in the following series:

ARC TRANSLATIONS
Series Editor Jean Boase-Beier

'VISIBLE POETS'
Series Editor Jean Boase-Beier

ARC CLASSICS:
NEW TRANSLATIONS OF GREAT POETS OF THE PAST
Series Editor Jean Boase-Beier

ARC ANTHOLOGIES IN TRANSLATION
Series Editor Jean Boase-Beier

NEW VOICES FROM EUROPE & BEYOND
(anthologies)
Series Editor Alexandra Büchler

details of which can be found on the
Arc Publications website at
arcpublications.co.uk

www.ingramcontent.com/pod-product-compliance
Lightning Source LLC
Chambersburg PA
CBHW022014090426
42741CB00007B/1024